8° Lb 51 4960

1841

Lamartine, Alphonse de - Chevalier, Michel - Hugo, Victor - Becker

Messieurs Alphone de Lamartine, Victor Hugo, Michel Chevalier
Contient Le Rhin allemand de M. Becker;

8°L⁵¹ر
1960

PAIX ET TRAVAIL.—PROGRÈS ET CONSERVATION.

Messieurs
Alphonse de LAMARTINE,
Victor HUGO,
Michel CHEVALIER.

PARIS.
Se distribue gratis,
CHEZ M. VINÇARD, DIRECTEUR DE LA RUCHE POPULAIRE.
PASSAGE SAUCÈDE, 28.
1841.

Des ouvriers parisiens, qui appellent de leurs vœux et de leurs efforts le règne de la paix et du travail, ont voulu faire imprimer ensemble, pour les distribuer gratuitement : la *Marseillaise de la paix*, par M. de Lamartine, en réponse au *Chant du Rhin*; un *Fragment du discours* de M. Victor Hugo, et les *Lignes éloquentes et prophétiques* sorties de la plume de M. Michel Chevalier, le lendemain de la révolution de juillet, alors que bourgeois et prolétaires, au signal du prince lui-même, entonnaient à l'unisson le chant français d'un autre âge, la *Marseillaise* avec son refrain d'anathème contre le *sang impur*.

Ces ouvriers rappellent, non sans quelque fierté, qu'il y a déjà plus de dix années qu'ils propagent avec une constante persévérance et sous toutes les formes, dans les ateliers, dans les assemblées politiques, d'instruction ou de plaisir des travailleurs, les idées fécondes, les sentiments généreux qui coulent aujourd'hui de la bouche des poètes et que le monde salue de ses acclamations.

Ils ont pensé aussi qu'on ne verrait pas, sans un vif intérêt, comment, à onze ans d'intervalle, l'un des écrivains que nous venons de nommer, M. Michel Chevalier, fidèle aux sympathies de son passé et marchant dans la voie du progrès, s'est exprimé sur la grandeur et la poésie de la paix, telle qu'il faut aujourd'hui la concevoir, dans sa *Lettre contre les fortifications de Paris*, adressée à M. le comte Molé au moment de la discussion de cette monstrueuse loi.

LE RHIN ALLEMAND.

Par M. Becker.

« Ils ne l'auront pas, le libre Rhin allemand, quoiqu'ils le demandent dans leurs cris comme des corbeaux avides;

« Aussi longtemps qu'il roulera paisible, portant sa robe verte ; aussi longtemps qu'une rame frappera ses flots.

« Ils ne l'auront pas, le libre Rhin allemand, aussi longtemps que les cœurs s'abreuveront de son vin de feu ;

« Aussi longtemps que les rocs s'élèveront au milieu de son courant, aussi longtemps que les hautes cathédrales se reflèteront dans son miroir.

« Ils ne l'auront pas, le libre Rhin allemand, aussi longtemps que de hardis jeunes gens feront la cour aux jeunes filles élancées.

« Ils ne l'auront pas, le libre Rhin allemand, jusqu'à ce que les ossements du dernier homme soient ensevelis dans ses vagues. »

LA MARSEILLAISE DE LA PAIX.

Réponse à M. Becker.

Roule libre et superbe entre tes larges rives,
Rhin! Nil de l'Occident! coupe des nations!
Et des peuples assis qui boivent tes eaux vives
Emporte les défis et les ambitions.

Il ne tachera plus le cristal de ton onde,
  Le sang rouge du Franc, le sang bleu du Germain;
Ils ne crouleront plus sous le caisson qui gronde,
  Ces ponts qu'un peuple à l'autre étend comme une main!
Les bombes et l'obus, arc-en-ciel des batailles,
  Ne viendront plus s'éteindre en sifflant sur tes bords;
L'enfant ne verra plus, du haut de tes murailles,
Flotter ces poitrails blonds qui perdent leurs entrailles,
      Ni sortir des flots ces bras morts!

Roule libre et limpide en répétant l'image
De tes vieux forts verdis sous leurs lierres épais,
Qui froncent tes rochers, comme un dernier nuage
Fronce encor les sourcils sur un visage en paix.

Ces navires vivants dont la vapeur est l'âme
Déploîront sur ton cours leur crinière de feu ;
L'écume à coups pressés jaillira sous la rame,
La fumée en courant lèchera ton ciel bleu.
Le chant des passagers, que ton doux roulis berce,
Des sept langues d'Europe étourdira tes flots,
Les uns tendant leurs mains avides de commerce,
Les autres allant voir, aux monts où Dieu te verse,
    Dans quel nid le fleuve est éclos !

Roule libre et béni ! Ce Dieu qui fond la voûte
Où la coupe du gland pourrait te contenir,
Ne grossit pas ainsi ta merveilleuse goutte
Pour diviser ses fils, mais pour les réunir !

Pourquoi nous disputer la montagne ou la plaine ?
Notre tente est légère, un vent va l'enlever ;
La table où nous rompons le pain est encor pleine,
Que la mort, par nos noms, nous dit de nous lever !
Quand le sillon finit, le soc le multiplie ;
Aucun œil du soleil ne tarit les rayons ;
Sous le flot des épis la terre inculte plie ;
Le linceul, pour couvrir la race ensevelie,
    Manque-t-il donc aux nations ?

Roule libre et splendide à travers nos ruines,
Fleuve d'Arminius, du Gaulois, du Germain !
Charlemagne et César, campés sur tes collines,
T'ont bu sans t'épuiser dans le creux de leur main !

Et pourquoi nous haïr et mettre entre les races
Ces bornes ou ces eaux qu'abhorre l'œil de Dieu ?
De frontières au ciel voyons-nous quelques traces ?
Sa voûte a-t-elle un mur, une borne, un milieu ?
Nations ! mot pompeux pour dire barbarie !
L'amour s'arrête-t-il où s'arrêtent vos pas ?
Déchirez ces drapeaux ; une autre voix vous crie :
L'égoïsme et la haine ont seuls une patrie,
  La fraternité n'en a pas.

Roule libre et royal entre nous tous, ô fleuve !
Et ne t'informe pas, dans ton cours fécondant,
Si ceux que ton flot porte ou que ton urne abreuve
Regardent sur tes bords l'aurore ou l'occident !

Ce ne sont plus des mers, des degrés, des rivières,
Qui bornent l'héritage entre l'humanité ;
Les bornes des esprits sont leurs seules frontières,
Le monde en s'éclairant s'élève à l'unité.
Ma patrie est partout où rayonne la France,
Où sa langue répand ses décrets obéis !
Chacun est du climat de son intelligence,
Je suis concitoyen de toute âme qui pense :
  La vérité, c'est mon pays !

Roule libre et paisible entre ces fortes races
Dont ton flot frémissant trempa l'âme et l'acier,
Et que leur vieux courroux, dans le lit que tu traces,
Fonde au soleil du siècle avec l'eau du glacier !

Vivent les nobles fils de la grave Allemagne !
Le sang froid de leurs fronts couvre un foyer ardent :
Chevaliers tombés rois des mains de Charlemagne,
Leurs chefs sont les Nestors des conseils d'Occident !

Leur langue a les grands plis du manteau d'une reine,
La pensée y descend dans un vague profond,
Leur cœur sûr est semblable au puits de la sirène,
Où tout ce que l'on jette, amour, bienfaits ou haine,
    Ne remonte jamais du fond.

Roule libre et fidèle entre tes nobles arches,
O fleuve féodal, calme, mais indompté!
Verdis le sceptre aimé de tes rois patriarches;
Le joug que l'on choisit est encor liberté!

Et vivent ces essaims de la ruche de France,
Avant-garde de Dieu, qui devancent ses pas!
Comme des voyageurs qui vivent d'espérance,
Ils vont semant la terre, et ne moissonnent pas...
Le sol qu'ils ont touché germe fécond et libre;
Ils sauvent sans salaire, ils blessent sans remord;
Fiers enfants, de leur cœur l'impatiente fibre
Est la corde de l'arc où toujours leur main vibre
    Pour lancer l'idée ou la mort!

Roule libre, et bénis ces deux sangs dans ta course;
Souviens-toi pour eux tous de la main d'où tu sors:
L'aigle et le fier taureau boivent l'onde à ta source;
Que l'homme approche l'homme, et qu'il boive aux deux bords.

Amis, voyez là-bas! — La terre est grande et plane!
L'Orient délaissé s'y déroule au soleil!
L'espace y lasse en vain la lente caravane,
La solitude y dort son immense sommeil!
Là, des peuples taris ont laissé leurs lits vides;
Là, d'empires poudreux les sillons sont couverts;
Là, comme un stylet d'or, l'ombre des Pyramides
Mesure l'heure morte à des sables livides
    Sur le cadran nu des déserts!

Roule libre à ces mers où va mourir l'Euphrate,
Des artères du globe enlace le réseau,
Rends l'herbe et la toison à cette glèbe ingrate,
Que l'homme soit un peuple et les fleuves une eau !

Débordement armé des nations trop pleines,
Au souffle de l'aurore envolés les premiers,
Jetons les blonds essaims des familles humaines
Autour des nœuds du cèdre et du tronc des palmiers !
Allons, comme Joseph, comme ses onze frères,
Vers les limons du Nil que labourait Apis,
Trouvant de leurs sillons les moissons trop légères,
S'en allèrent jadis aux terres étrangères
      Et revinrent courbés d'épis !

Roule libre, et descends des Alpes étoilées
L'arbre pyramidal pour nous tailler nos mâts,
Et le chanvre et le lin de tes grasses vallées ;
Tes sapins sont les ponts qui joignent les climats !

Allons-y, mais sans perdre un frère dans la marche,
Sans vendre à l'oppresseur un peuple gémissant,
Sans montrer au retour au dieu du patriarche,
Au lieu d'un fils qu'il aime, une robe de sang !
Rapportons-en le blé, l'or, la laine et la soie,
Avec la liberté, fruit qui germe en tout lieu !
Et tissons de repos, d'alliance et de joie
L'étendard sympathique où le monde déploie
      L'unité, ce blason de Dieu !....

Roule libre et grossis tes ondes printanières
Pour écumer d'ivresse autour de tes roseaux,
Et que les sept couleurs qui teignent nos bannières,
Arc-en-ciel de la paix, serpentent dans tes eaux !

                        AL. DE LAMARTINE.

ACADÉMIE FRANÇAISE.

Solennité du 3 juin.—Réception de M. Victor Hugo.

(Extrait de son Discours.)

« Mais que ces jeunes renommées, que ces beaux talents, que ces continuateurs de la grande tradition littéraire française ne l'oublient pas : à temps nouveaux devoirs nouveaux. La tâche de l'écrivain aujourd'hui est moins périlleuse qu'autrefois, mais n'est pas moins auguste. Il n'a plus la royauté à défendre contre l'échafaud comme en 93, ou la liberté à sauver du bâillon comme en 1810 ; il a la civilisation à propager. Il n'est plus nécessaire qu'il donne sa tête comme André Chénier, ni qu'il sacrifie son œuvre comme Lemercier ; il suffit qu'il dévoue sa pensée.

« Dévouer sa pensée, — permettez-moi de

répéter ici solennellement ce que j'ai dit toujours, ce que j'ai écrit partout, ce qui, dans la proportion restreinte de mes efforts, n'a jamais cessé d'être ma règle, ma loi, mon principe et mon but ; — dévouer sa pensée au développement continu de la sociabilité humaine ; avoir les populaces en dédain, et le peuple en amour ; respecter dans les partis, tout en s'écartant d'eux quelquefois, les innombrables formes qu'a le droit de prendre l'initiative multiple et féconde de la liberté ; ménager dans le pouvoir, tout en lui résistant au besoin, le point d'appui, divin selon les uns, humain selon les autres, mystérieux et salutaire selon tous, sans lequel toute société chancelle ; confronter de temps en temps les lois humaines avec la loi chrétienne, et la pénalité avec l'Évangile ; aider la presse par le livre toutes les fois qu'elle travaille dans le vrai sens du siècle ; *répandre largement ses encouragements et ses sympathies sur ces générations encore couvertes d'ombre qui languissent faute d'air et d'espace, et que nous entendons heurter tumultueusement de leurs passions, de leurs souffrances et de leurs idées, les portes profondes de l'avenir ;* verser par le théâtre sur la foule, à travers le rire et les pleurs, à travers les solennelles leçons de l'histoire, à travers les hautes fantaisies de l'imagination, cette émotion tendre et poignante qui se résout dans l'âme des spectateurs en pitié pour la femme et en vénération pour le vieillard ; faire pénétrer la nature dans l'art comme la sève même de Dieu ; en un mot, civiliser les hommes par le calme rayonnement de la pensée sur leurs têtes ; voilà, aujourd'hui, messieurs, la mission, la fonction et la gloire du poète. »

LA MARSEILLAISE.

Extrait de l'Organisateur, journal Saint-simonien.

11 *sept.* 1830.

———

Trois jours de combats ont suffi pour renverser le trône de la légitimité et du droit divin. Les défenseurs de l'autel et du trône avaient dit : *Viennent les coups de fusil !* Les coups de fusil sont venus ; le passé s'est trouvé en face de l'avenir ; il a ouvert l'arène ; il s'y est élancé, animé de l'esprit de vertige et d'erreur qui, cette fois, était plus que l'avant-coureur de la chute des rois ; il s'est entouré de soldats intrépides, de régiments bien disciplinés ; il s'est flanqué d'une artillerie formidable... ; des hommes sont arrivés, nus, armés de bâtons, qui ont enfoncé ces bataillons, qui les ont désarmés, et la cause du passé a été à jamais perdue.

Ces vainqueurs étaient le *peuple* qui vit de ses labeurs, la *canaille* qui encombre les ateliers, la *populace* qui travaille misérablement, les *prolétaires* qui n'ont d'autre propriété que leurs bras. . . . .

. . . .

Quand ils eurent forcé l'enceinte de ces palais qu'on avait déclarés inexpugnables, ils pardonnèrent à leurs prisonniers, à ceux qui les avaient impitoyablement mitraillés, qui avaient fusillé leurs frères sous leurs yeux; ils pansèrent les blessés, sans distinction d'amis ni d'ennemis; puis ils se partagèrent comme trophées quelques lambeaux des habits éclatants des Suisses. Il y a quarante ans, leurs pères avaient vaincu les Suisses dans le même palais, il les avaient égorgés, et ils avaient promené en trophées les lambeaux sanglants de leurs corps.

Puis ils se dirent : « Oh! qui chantera nos exploits, qui dira notre gloire et nos espérances ?

« Nous n'irons point trouver les ministres

du Christ, nous ne leur demanderons point d'entonner l'hymne de la victoire. Le souffle de charité s'est éteint en eux ; ils ont fait avec nos oppresseurs un pacte abominable ; l'orgue ne résonnera pas pour nous sous les voûtes élancées de leurs églises, nos cris n'en feront point tressaillir les vitraux colorés ; ils ne marcheront pas pompeusement à notre tête revêtus de leurs habits pontificaux. Nous ne voulons pas de leur *Te Deum ;* ils l'avaient préparé pour célébrer le triomphe que s'étaient promis nos téméraires ennemis. »

Et alors ils allèrent trouver leurs poètes bien-aimés.

« O Tyrtée ! ô Simonide ! leur dirent-ils, poètes chers aux hommes et à Dieu, vous dont les accents ont été un baume consolateur pour nos cœurs saignants dans les jours d'affliction, vous dont les chants ont arraché de nos yeux ces larmes brûlantes qui soulagent les poitrines oppressées, reprenez vos lyres suspendues aux saules du fleuve en signe de deuil ; *Messène* se relève brillante, *le vieux drapeau a secoué sa poussière ;* dites notre triomphe et notre gloire, déroulez-nous les joies de l'avenir, car il est donné aux poètes de pénétrer dans le sanctuaire des destinées. »

Simonide garda le silence.

Tyrtée prit sa lyre, et il chanta; après lui d'autres poètes modulèrent de mélodieux accords.

« O Tyrtée! et vous tous, poètes! s'écria le peuple, vous avez célébré nos exploits comme vous auriez célébré ceux de nos pères, qui furent des hommes forts et vaillants.

« Beaucoup de peuples ont été forts et vaillants ; quel autre a été sage et généreux, quel autre l'a été dans l'ivresse des batailles ?

« Lorsque l'ennemi effrayé eut pris la fuite, ou qu'il se fut incliné dans la posture des suppliants, nous nous sommes dit : « Malheur « aux larrons, aux incendiaires! malheur à « l'homme sanguinaire et violent! qu'un tel « homme ne se lève point parmi nous! »

« Gloire à nous! nous sommes entrés dans le trésor des rois, escortés par la misère et par la faim ; nous nous sommes promenés au milieu de la pourpre, de l'or et des diamants ; lorsque nous sommes sortis, nous avions encore pour compagnons la faim et la misère.

« Avant le lever du soleil la sueur coule de nos fronts; après le coucher du soleil elle se mêle à la rosée pour rafraîchir la terre; dites-nous, poètes, est-ce que vous ne voyez pas poindre pour nous des jours meilleurs ?

« Non, celui qui a semé à pleines mains la

force, la justice et la tempérance, ne récoltera pas éternellement la souffrance et la désolation. Cette double espérance gonfle notre poitrine et caresse nos fronts jusque-là humiliés.

« Une voix immense s'est élevée au-delà des mers, les peuples de l'Angleterre se sont écriés : « Français! vous êtes nos amis, nos frères ; « vous êtes l'orgueil des hommes, vous êtes les « sauveurs des nations. » A cette voix un frémissement de joie a agité tous nos membres; notre cœur a tressailli de bonheur et a bondi dans notre sein.

« Une multitude d'autres cris ont retenti au-delà des Pyrénées et des Alpes : ils se sont répétés sur les rives de la Meuse, parmi les peuples du Danube et du Rhin. Ils étaient sourds et étouffés, comme s'ils sortaient du fond d'un cachot, ou comme si ceux qui les proféraient étaient accablés sous le poids d'une lourde chaîne. Tous nous disaient : « Votre triomphe sera notre triomphe; vous « êtes le peuple-roi que tous respectent et bé- « nissent; vous serez les libérateurs de vos « frères d'Espagne et d'Italie, et des cent na- « tions de l'Allemagne ; vous serez les chefs de « l'univers régénéré ! »

« Gloire à nous ! nous sommes plus grands que nos pères, qui étaient des géants.

« Nos pères avaient vaincu les mille bras des

nations ; nous avons vaincu leur inimitié des siècles et leur jalousie héréditaire.

« Nos pères avaient envahi le territoire de quelques provinces. Voici qu'en trois jours nous avons envahi l'admiration et l'amour de tous les peuples de la terre.

« Partout où ils se tournaient, au midi et au septentrion, au levant et au couchant, ils trouvaient des faces hostiles ; chaque flot de la mer leur amenait des ennemis, les fleuves en vomissaient sans fin ; dans les défilés, sur les croupes glacées des montagnes, ils trouvaient des bataillons acharnés à leur envoyer la mort. Chaque rocher, chaque arbre cachait un Russe ou un Tyrolien ; le sein même de la France était déchiré par d'aveugles enfants.

« De quelque côté que soufflât le vent, il leur apportait des clameurs de haine et d'extermination ; leur nom était odieux sur toute la surface du globe.

« Et nous, nous voyons partout des visages riants et amis. Au spectacle de notre victoire, tous les peuples se dressent et poussent des cris d'allégresse. De tous les points s'est élevé un concert d'actions de grâce, de louanges et de bénédictions ; tous nous tendent les bras, tous brûlent de nous presser contre leur poitrine. L'antique ennemie de notre race, la fière la riche, la puissante Albion, qui couvre la

mer de ses innombrables vaisseaux, s'est élancée la première pour nous étreindre par de doux embrassements, et nous nous sommes beaucoup aimés parce que nous nous étions beaucoup haïs.

« Gloire à nous ! nous sommes le peuple chéri de Dieu : nous irons prendre les nations par la main, et nous les amènerons devant sa face.

« Nous sommes le lien des nations civilisées; nos destinées seront leurs destinées, et bientôt nous ferons entrer dans notre cercle immense toutes les peuplades sauvages, tous les barbares des steppes et des déserts. Déjà nous avons posé le pied sur les rivages brûlants de l'Afrique. Et un jour il n'y aura qu'un peuple sur la terre.

« Nos mains viennent de renverser un vieil arbre au tronc pourri, au feuillage desséché, qui n'avait plus de vie que pour puiser le plus pur du suc qui nous reste quand nos maîtres ont prélevé leur part sur notre travail. Maintenant nous planterons un arbre immense, toujours vert, toujours chargé de fleurs odoriférantes et de fruits délicieux, dont le feuillage épais nous protégera contre l'orage, et qui étendra ses vastes rameaux sur tous les peuples de la terre.

« Sous son frais ombrage nous travaillerons

en paix, comme l'abeille dans sa ruche; et tout le miel sera pour les abeilles, car il n'y aura pas de frélons.

« O poètes! vous avez des yeux, et vous ne voyez pas! des oreilles, et vous n'entendez pas! Ces grandes choses se passent en votre présence, et vous nous apportez des chants de guerre!

« Pourquoi au moins n'avez-vous pas appelé ceux que notre travail nourrit? Pourquoi ne leur avez-vous pas dit dans votre langage divin :

« Ces hommes vous prient de compatir à
« leurs maux.

« Ils ont répandu leur sang pour vous, ils
« l'ont versé à flots, et maintenant ils se re-
« connaissent pour vos serviteurs, ils vous de-
« mandent merci.

« Leur force est irrésistible : ils pourraient
« vous écraser comme le grain de blé qui est
« broyé sous la meule rapide.

« Mais ils ont compris que s'ils vous brisaient
« aujourd'hui, d'autres s'assoiraient demain à
« votre place, et que la violence, le pillage et
« la dévastation retomberaient comme une grêle
« meurtrière sur leur tête et sur celle de leurs
« enfants! »

« O poètes! pourquoi n'est-il sorti de votre bouche que des sons belliqueux ?

« Nos pères avaient, eux aussi, un chant de guerre non moins terrible que la tempête au milieu de laquelle il éclata. Il est beau, l'hymne de nos pères; il est saint, il a été éprouvé dans d'innombrables batailles. Les voyageurs racontent qu'il retentit encore sourdement à Fleurus et à la montagne de Jemmapes. Nos mères le murmuraient en nous allaitant; nos pères nous l'ont appris en cachette, et nous le redisions tout bas dans les jours d'humiliation; nous le répèterons en mémoire de nos pères. »

Aussitôt cent mille voix entonnèrent *la Marseillaise*, et les bouches proféraient des menaces qui n'étaient pas dans les cœurs.

Ils criaient : *Aux armes, citoyens!* et ils avaient repris la pioche et le rabot. Est-ce qu'ils pressentaient que les instruments de travail doivent être les seules armes de l'avenir?

Formons nos bataillons, disaient-ils, *marchons, marchons!* et aucun d'eux ne s'élançait furieux vers la frontière; ils restaient paisibles dans leurs ateliers.

Eux qui avaient fait grâce aux Suisses détestés, qui avaient pardonné aux cruels meurtriers de leurs frères, ils faisaient effort sur eux-mêmes pour s'écrier d'un air farouche : *Qu'un sang impur abreuve nos sillons !*

Les enfants à la figure riante répétaient les chants des hommes ; et comme leur jeune mémoire, semblable à l'écho, retient plus aisément les derniers sons, on les entendait sans cesse proférer de leur voix douce ces horribles paroles : *Qu'un sang impur abreuve nos sillons !*

Une *horde d'esclaves, de traîtres, de rois conjurés* a-t-elle donc *osé méditer de nous rendre à l'antique esclavage ? de vils despotes* voudraient-ils *devenir les maîtres de nos destinées ?* Faut-il que nous nous levions en masse, que quatorze armées volent aux frontières pour recevoir le choc de l'Europe soulevée ? Les cendres de Charette se sont-elles ranimées ? Est-il apparu à cheval dans les campagnes vendéennes ? La France est-elle déchirée par mille factions, assaillie par des peuples redoutables, par ses propres enfants ? Est-elle ruinée dans son commerce, en proie à la famine et au brigandage, foudroyée du haut de la chaire de Saint-Pierre, offerte comme une proie à l'insatiable ambition des rois ?

Non ! Cobourg ne promène pas ses grenadiers hongrois et ses hulans du Rhin à l'Escaut ; Souwarow n'a pas guidé ses Tartares à travers les précipices du Saint-Gothard.

Cet hymne de sang, ces imprécations atroces, témoignent non du danger de la patrie, mais de l'impuissance de la poésie libérale; poésie sans inspiration hors de la guerre, de la lutte ou de la plainte; qui se complaît à l'ombre des cyprès et des saules pleureurs, au milieu des tombeaux, dans le silence de la solitude; qui se pâme à contempler les batailles sanglantes, qui s'enivre au spectacle des fléaux, des tortures et du désespoir; poésie vivant de colère, de haine et d'égoïsme, pour qui l'amour social et les affections générales sont un poison mortel; qui sait également écraser à coups de canon, brûler à petit feu, et tuer à coups d'épingles, mais qui n'a point emporté du Ciel le feu divin qui vivifie.

O peuple! chante cependant, chante la *Marseillaise*, puisque tes poètes restent muets ou qu'ils ne savent que réciter une pâle copie de l'hymne de tes pères. Chante! l'harmonie de tes accents prolongera quelque temps encore l'allégresse dont le triomphe avait rempli ton âme; les jours de bonheur sont pour toi si rares et si courts! Chante! ta joie est si douce à ceux qui sympathisent avec toi! il y a si long-temps qu'ils n'avaient entendu sortir de ta bouche que des plaintes, des gémissements et des murmures!

Michel Chevalier.

EXTRAIT D'UNE LETTRE

à M. le comte Molé contre les fortifications.

Mars 1841.

A la révolution de juillet, l'heure de la pacification complète de l'Europe avait sonné. Dans les luttes de 1792 à 1815, les peuples ont sué avec des flots de sang le venin des haines nationales. Partout en Europe, aujourd'hui, il y a une telle similitude de sentiments et de mœurs, de pensées et d'études, d'habitudes et de travaux, une telle solidarité d'intérêts, une telle communauté de penchants, on s'est tellement mêlé par les relations d'affaires, de science et de plaisir, que l'Europe ne forme plus qu'une seule famille. Une guerre européenne serait désormais une guerre civile, un crime contre les hommes et contre Dieu. Tout est mûr pour que l'unité européenne reçoive une consécration éclatante.

Et ce n'est point à vous qu'il est besoin de faire remarquer que l'idée de l'unité européenne n'est point empruntée au domaine de l'inconnu et de l'utopie. Elle fait partie intégrante du droit public européen. Le traité de Vienne en contient le germe ; la Sainte-Alliance elle-même en fut la première figure ; depuis 1815, elle s'est révélée par les Congrès, par les Conférences de Londres. La diplomatie agit comme si l'Europe était déjà une association de cinq grandes puissances, comme si demain elle devait être un empire à cinq têtes. Il s'agit de constituer cette unité en lui assignant ses conditions et son but. Telle est l'œuvre dont la dynastie d'Orléans avait à prendre l'initiative.

Ici, m'estimant l'un des plus humbles, mais aussi l'un des plus zélés amis de cette paix que l'on immole, je ne puis m'empêcher de m'arrêter un instant pour signaler tout ce qu'il y aurait de majesté et de noblesse, comme de bienfaisance et de fécondité, dans la paix, dans la grande paix manifestée par l'harmonie sincère des puissances, c'est-à-dire par la constitution de l'unité européenne. Combien peu ils comprennent la paix, ces hommes au patriotisme rétrograde et barbare, qui prétendent lui imprimer sur le front le stigmate de l'égoïsme et de la pusillanimité ! La paix, telle qu'on doit l'entendre, telle qu'il faut qu'elle soit pour mériter son nom, est, au contraire, digne des hommages de la nation la plus magnanime. Elle offre la plus ample satisfaction à ceux qui sont passionnés pour l'honneur national, à ceux qui croient étouffer quand la scène politique, manquant d'air, ne présente pas dans l'espace une perspective lointaine, et des périls au bout de l'horizon.

L'unité européenne, c'est-à-dire le concert permanent et sincère des puissances, ne saurait être un régime où elles se lieraient réciproquement les mains, et, par l'effet d'une ingénieuse pondération, paralyseraient l'énergie les unes des autres. Une pareille paix, essentiellement négative, ne saurait convenir aux peuples européens. Ce sont des tempéraments trop robustes et trop agissants pour s'accommoder d'une camisole de force. Chacun d'eux est dévoré du besoin d'action extérieure. Pour les confédérer étroitement, il est nécessaire de leur présenter un but commun d'activité, qui, excitant leurs sentiments généreux, les fasse tressaillir comme Achille à Scyros, ou s'écrier comme les Croisés nos ancêtres : Dieu le veut !

Il faut leur apporter la collective investiture d'immenses attributions actives, proportionnées à leur vigueur, et mesurées sur leurs hautes facultés : or, il est de ces attributions auxquelles évidemment les événements les convient, qu'ils leur imposent même et qui sont à leur taille. Un but digne d'elle s'offre de lui-même aujourd'hui à l'unité européenne ; c'est le gouvernement du genre humain, dont les européens sont les aînés et que l'Europe tient déjà presque tout entier sous sa loi ou sous son patronage. Assumer la haute direction des affaires de l'univers, ce ne serait pour l'Europe rien de plus maintenant que la constatation d'un fait accompli ; car qui ne voit qu'aujourd'hui, par elle-même ou par ses essaims, tels que les États-Unis d'Amérique, l'Europe est la souveraine du globe? De jour en jour, poussée par de secrets pressentiments, aiguillonnée par le commerce, à la faveur des nouveaux agents de communication, elle allonge les bras sur le reste de la famille humaine ; elle a pris ou va prendre possession du moindre recoin des continents et des mers. Le seul pacte possible d'unité entre les puissances serait celui qui aurait pour objet de généraliser et de coordonner ce mouvement d'expansion, sous les auspices des principes civilisateurs. Quels transports alors parmi l'ardente jeunesse que l'on contient à grand'peine au sein de chacun des états ! Quel gage de tranquillité intérieure ! quelle compensation aussi pour ceux qui auraient perdu sur le Rhin quelque province ou quelque citadelle!

Quelle ne serait pas la grandeur de notre patrie si, par ses soins, sur son initiative, l'association des puissances s'installait pour prendre en main le gouvernement du globe! Quelle reconnaissance n'éprouverait pas l'univers pour la dynastie qui, personnifiant en elle cette noble pensée, l'aurait fait prévaloir! et quelles racines cette dynastie ne jetterait-elle pas dans notre sol!

Cette paix européenne pleine de gloire, source de bonheur et de richesse, doit former le programme extérieur de la dynastie nouvelle. Ce sera sa lettre de naturalisation parmi les têtes couronnées, et, avec l'organisation des populations au dedans, pour le travail et sous la loi d'égalité, son contrat de mariage avec la France.

MICHEL CHEVALIER.

PARIS, IMPRIMERIE DE PAUL DUPONT ET Cⁱᵉ,
Rue de Grenelle-St-Honoré, 55.

www.ingramcontent.com/pod-product-compliance
Lightning Source LLC
Chambersburg PA
CBHW060617050426
42451CB00012B/2289